Verlag: Edition Talberg 29439 Lüchow

Herstellung: Books on Demand GmbH Norderstedt
Umschlag: F.Halweg
ISBN 978-3-9813473-8-8

Das Buch

"Auch alte Bäume wachsen" ist eine Retrospektive auf ein in vielerlei Hinsicht reiches Leben. Der Autor blickt zurück auf die eigene Kindheit und Jugend, auf das Heranwachsen seiner Kinder und Enkel, das gemeinsame Altwerden mit seiner Frau Ute, der dieser Gedichtband gewidmet ist. Jahreszeiten und Lebenszeiten, Erinnerungen und Bekenntnisse sind hier in einfühlsamer Weise miteinander verwoben.

Der Autor

Ulrich Schröder, Dr. phil., Rektor i.R., geboren 1943 in Uelzen, hatte bereits eine Tischlerlehre, seine Wehrdienstzeit und sein Studium an der Pädagogischen Hochschule hinter sich, als er 1968 als Junglehrer ins Wendland kam, das schnell zu seiner Heimat wurde.
Er ist ein naturkundlich und historisch interessierter Geograph. Viele Veröffentlichungen zu botanischen, kulturlandschaftlichen, volkskundlichen und lokalgeschichtlichen Themen der Region sowie die Arbeiten als Schulbuchautor zeigen vielfältige Interessen.
Auf einem Tandem bereist das Ehepaar Schröder auf ausgedehnten Touren auch heute noch Deutschland und seine Nachbarländer.

Für Ute

ULRICH SCHRÖDER

Auch alte Bäume wachsen

Gedichte

Edition Talberg

1

JAHRESRINGE

Und manchmal bin ich wie der Baum
der, reif und rauschend, über einem Grabe
den Traum erfüllt, den der vergang'ne Knabe
(um den sich seine warmen Wurzeln drängen)
verlor in Traurigkeiten und Gesängen.

Rainer Maria Rilke

Spaziergang am Neujahrsmorgen

Die Birken und Kiefern
am Wegrand
im beginnenden Tag
des beginnenden Jahres
weitab
von den reifüberzogenen
Feuerwerksresten
vor den Häusern
der Menschen -

sie wissen nichts davon
dass heute
ein anderes Jahr
geschrieben wird
als gestern.

Fern allen Lärms
werden sie
einen neuen Jahresring
ansetzen.

Wärme

Du trittst an kaltem Wintertag zu mir ins Zimmer
und legst um meine Schultern deinen Arm.
Dein Mantel ist noch kalt, doch wird mir warm
seh' ich in deinen Augen nur den warmen
Schimmer.

Aprilfarben

Aprilwind wirft ein hartes Himmelsblau
auf grell besonnte Vorstadtstraßen
und zerrt an grad erblühenden
Forsythienzweigen.

Noch vor der nächsten Wolkenwalze
ins Feld hinaus
mit Lehm an meinen Schuhen.

Im Schatten
des windgeschützten Hohlwegs
die schmutzig-weißen vorigen Hagelkörner.
Doch links im sonnenwarmen braunen Gras
ein blaues Veilchenpolster.

Philomelen und Syringen

'Philomelen' und 'Syringen'
schrieben einst die großen Dichter.
Ja, wie diese Wörter klingen!
Doch ich habe es gern schlichter.

Drum benutze ich sie nicht
in den Texten meiner Lieder.
Man versteht mich, wenn ich schlicht
schreibe: 'Nachtigall' und 'Flieder'.

Regionalbahnstrecke 115

Die ganze Zeit aus dem Fenster schauen?
Was gibt's da groß zu sehen?

Es ist doch schon viel
wenn es nur dieses ist:
der altersgraue Bretterschuppen
den zwei blühende Holunderbüsche
in ihre Mitte nehmen.

Glühwürmchenzeit

Johannistag 2007

Es ist derselbe Hügel
nah meinem Hause.
Der Rehbock bellt im hohen Korn.
Glühwürmchenwaldrand
wo es in Juni-Nächten spät erst dunkelt
wenn Schwan und Leier Mühe haben
am Dämmerhimmel sich zu zeigen.

Es ist derselbe Hügel
wo wieder des Orions kalte Pracht
im Süden stehen wird
in schwarzen Winternächten.

Es ist derselbe Hügel
im Wechsel meiner Jahre.
Glühwürmchenwaldrand - ach wie oft noch
sitz ich auf jener Bank am Sommerabend?
Orion - ach wie oft noch
entführst du mich
aus meiner ofenwarmen Stube?

Wegwarte

Wegwarte
Wärterin unserer Sommerwege
wartend am Wegrain
trotzig widerstehend
der Pflege und Wartung
der Straßenwärter
warte auf uns!

Wegwarte
blasse Schwester der Kornblume
lass dich nicht einschüchtern!
Was ist ihr Kornblumenblau
gegen dein Himmelblau?

Bitte den Himmel
sein Blau und dein Blau
mögen uns begrüßen
wenn unsere Fahrradreifen
an stiller Landstraße
dich besuchen.

Ringelnatter

Du kreuzt auf deinem Weg
den ihrigen
vielleicht nur dieses eine Mal
in deinem Leben.

Im Anblick
ihrer würdevollen Schlängelflucht
die Jahrzehntausendfurcht des Menschen:
eine Schlange!

Doch du erinnerst dich
vielleicht
des Bildes im Schulbuch deiner Kinderjahre
und auch der Worte deines Lehrers:
Sieh, die hellen Flecken hinterm Kopf!

Lacerta viridis
oder
Liebenswerte Unterbrechung

Am uralten Saumpfad
der aufsteigt zur Burg
kopfsteingepflastert
an efeubewachsener Mauer
ein Stein, wo ich sitze und zeichne.

Und während ich still bin und schaue
hinab auf das Kirchlein im Tal
da kriecht durch das trockene Gras
ein Wesen, so zauberhaft grün
so gelbgrün und blaugrün, türkis
berührt nun schon fast meinen Fuß
und wendet sich wieder zum Fels
und kennt sein geheimes Versteck.

Und nun erst entsteht Strich für Strich
mein Bild von der alten Kapelle.

*(Erinnerung an Frühlingstage bei Meran,
wo wir die Smaragdeidechse [Lacerta viridis]
noch häufig beobachten durften)*

Fledermauszeit

Der sonnenwarme Sandweg
nimmt den Tag hinüber
in die Dunkelheit.

Der Zickzackflug der Flatterschatten
näht vor der blassen Himmelsschneise
das schwarze Tuch der Bäume
über mir zusammen.

Ende August

Nun sind die Nächte wieder schwarz.
Milchstraßenabend.
Kopf in den Nacken:
das ist die Zeit des Sommerdreiecks
in seiner vollen Pracht.

Doch trittst du morgens um halb fünf
auf die Terrasse
da zieht sie schon heran
des Winters ganze Streitmacht.
Der Horizont im Osten
vermag sie nicht mehr aufzuhalten.

Ein Jahr, eine Nacht

Wenn spät im Januar
der Schwan erst untergeht
und strahlend hoch im Süden
der Orion steht
hab ich im Osten doch
den Löwen schon erspäht.

So schwindet zwar das Zeichen
letzter Sommerpracht
und über mir hält das Gestirn
des Winters Wacht
doch triumphierend steigt empor
des Frühlings Macht.

So kreisen um uns Nacht und Tag und Jahr
nach ewigen Gesetzen wunderbar
und zeigen uns
was ist
was bleibt
was war.

Silvesterabend

Ein weiterer Jahresring
von Liedern und Gedanken
von Freuden und Gebrechen
von Sorgen und Gesprächen.

Ein weiterer Jahresring
vom Leben mit dir.

Auch alte Bäume
wachsen.

2

DAMALS

Dumme, abenteuerliche Spiele ließen mich
nach niemand anvertrauten Träumen
allzu oft und allzu lange
Schulzeit, Gunst und Förderndes versäumen.

Joachim Ringelnatz

Altes Foto

(Haiku 1)

Ich laufe durchs Gras
fröhlich lachend. Es ist Krieg.
Ich weiß nichts davon.

Ach du lieber Hahn

Ich sehe dich nicht.
Aber ich höre dich.
Hinter Gartenzäunen
hinter Apfelbäumen
spielst du dich gerade
ein bisschen auf.

Ach, du weißt ja nicht
dass du ein Zauberer bist.
Seltsames
zauberst du mir herbei:

Staketzaunholunderblütenflut.
Scheunentordreschmaschinenstaub.
Wasserlinsenentenspurengrün.
Lindenbaumversteckterkirchturmuhrschlag.
Rumpelwagenrunkelrübenherbstmorgen.
Molkereirampemilchkannenklappern.
Holzschuppenspinnwebwinkel.

Und:
Stacheldrahtbeinschrammen.
Brennnesseljuckehände.

Es soll Leute geben
die stört dein Krähen.

Ein Blatt vom wilden Wein

Ich nahm es auf:
ein ganzes Herbstgemälde
in diesem einen Blatt!

Für einen Augenblick
ist alles wieder da:
das Staunen eines Kindes
vor beinah' sechzig Jahren
ein Morgen, der so riecht wie heute
so wie ein stiller Morgen
im November riecht.

Und von der hohen alten Schulhausfront
löst Blatt für Blatt sich
Laub vom wilden Wein
und auf dem Pflaster liegt
die ganze Schönheit vor ihm ausgebreitet.

'Vergänglichkeit' und 'Wehmut' sind noch nicht
im Wortschatz dieses Kindes.
Doch spürt es schon die kleine Trauer
auf jenem menschenleeren Schulhof
an einem Morgen im November.

Meine alte Schule

Sie wurde zu Kaisers Zeiten errichtet
das sieht man ihr heute noch an.
Auf leuchtende Augen
hat man dort meist verzichtet
und stur nach dem Leitfaden unterrichtet.
Na ja, Ausnahmen gab's dann und wann.

Ich habe heute davor gestanden.
Ich dachte mich fünfzig Jahre zurück.
Ich kam in der Tertia dort schon abhanden.
Was machte es
wenn manche Knaben verschwanden?
War das ihr Verhängnis? Oder ihr Glück?

Die dreizehn Stufen hinaufzuschreiten -
da ging die Angst manchmal mit.
Das hohe Portal wie in alten Zeiten
zwei dicke Säulen zu beiden Seiten
zwei Säulen aus deutschem Granit.

Schwarzweißrot im Vorraum ein Mosaik -
wir haben uns nichts bei gedacht.
Zwei Hermen zieren die Lernfabrik
der Busen verhüllt vorm Pennälerblick.

Und darüber steht: Wissen ist Macht!

Juni am Fluss

Von grünen und blauen Libellen überflogen
trocknen die Badehosen
zwischen flachgetretenen Binsen.
Eben erst war es, dass der andere -
vierzehnjährig wie er -
ihm zeigte, wie man es geschehen macht
dass diese rätselhafte Spur
verwirrender Träume
das Sommertageslicht erblickt.

Weit hinten
auf hitzeflimmernden Wiesen
wird Heu gewendet.
Er schließt die Augen.
Noch ist es herb und fremd
das neue Wissen.

Doch welch ein Versprechen
liegt schon darin.

Turmzimmer

Er träumte sich hinauf
zu Schwalbenflug und Dohlenschrei
hoch über Wipfeln und Dächern
und in Gedanken schaute er
mit wohligem Gruseln
hinab auf die Ängste
des Kindseins.

Aber die Einsamkeit
und der Hunger nach Leben und Liebe
folgten ihm
und fanden doch stets die Geheimtür
und schafften jede Wendeltreppe
und auch die letzte
Leitersprosse.

Diese Umwege nach der Schule

Letzte Trümmer, zugewachsen.
Pfadlos zwischen Ziegelbrocken
zwischen Disteln und Holunder
die versteckte Bucht am Ufer
unterhalb des Mühlenwehres.

Eine Weide: meine Palme
schmaler Sandstrand: Südseeküste
Wassersturz: mein Meeresrauschen.
Immer war ich dort ein wenig
Robinson auf seiner Insel.

Doch dann:

Von den Wellen
ans Ufer getragen
ein Welpe. So kurz noch
die Beinchen, die Augen
geschlossen wie schlafend.

Ich hörte mich flüstern:
wie niedlich!
Doch bei diesen Worten
erschrak ich
und kehrte nie wieder
zurück auf die Insel.

Mein Vater

Er zeigte mir den Großen Wagen
und den Polarstern.
Er öffnete mir viele Fenster.

Zuweilen schnitt er eine Haselrute.
Aber der Ledergürtel tat's auch.

Nächtliche Flucht

Noch unberührt der Schnee
ganz frisch gefallen, weich und nass.
Mein Fahrrad schneidet seine Spur
durch Bergland, Wälder, stundenweit.
Traumdämmerlicht in stiller Nacht.

Und jäh vom Hang zu meiner Linken
kriecht es
durch schwarzes Astwerk
lautlos, dunkel, groß - ein Tier? -
und quert vor mir den Weg
und schwindet rechts hinab
und hinterlässt
nicht die geringste Spur im Schnee.

Was der Verstand mir sagt
was hilft es mir?
Und bis zum ersten Dorf
spür' ich das Grauen noch im Rücken.

3

ALT WERDEN

Wir werden nicht in ast und zweig
dauern über uns hinaus
Doch wir sind begünstigte
Wir dürfen noch zu ende leben
unter bäumen

Reiner Kunze

(Zweite Variation über das Thema
Philemon und Baucis)

Zeit des Löwen

(Haiku 2)

Der Löwe steigt auf
und kündigt den Frühling an.
Wie oft noch für uns?

Im alten Holzstall

Die abgefallene Borke vieler Jahre
der Rindenmulch der Zeit -
hier tritt niemand hart auf.
Gedämpften Schrittes
holst du dir des Morgens
ein paar neue Scheite
für dein Winterhaus.

Nach langer Zeit

Zuweilen lese ich, wie große Dichter
an eine frühe, zarte Liebe sich erinnern
die unerfüllt geblieben
schon längst verklungen schien
und dennoch wie ein Keim in ihnen schlummert
und immer wieder sie zum Schreiben drängt
schmerzliches Lächeln auf den Lippen.

Und wenn auch meiner Jugendliebe Tage
nur noch Erinn'rung wären?
Nur noch ein blass verklärtes Bild
ein Mädchenantlitz, welches mir entflieht
wenn ich es klarer fassen wollte
und dieser Name nur ein Klang noch wäre
mit fast erlosch'nem Zauber
und dennoch übermächtig in der Brust mir ruhte
in wachen Nächten unbestimmten Sehnens?

Doch durch das Fenster lächelt Morgensonne
und du stehst vor mir.
In deinen Augen sehe ich
das Mädchen noch von einst.
Und erste Falten in dem lieben Antlitz sagen mir
vom langen Weg, den wir gemeinsam gingen:
es ist derselbe gute Blick
es ist dasselbe Herz
das nun an meinem schlägt.

Alt werden - gemeinsam

Zuweilen eben, glatt und gerade
zuweilen übersät mit Steinen -
so führten uns des Lebens Pfade.
Viel Lachen war und manchmal Weinen.

Wenn wir aus sommerdunklen Wäldern
zur milden Abendsonne steigen
und auf des Lebens reifen Feldern
so vieles uns am Weg noch zeigen

dann stehen wir auf dem Plateau
wo fern sich erst die Täler senken
und mit Gewissheit irgendwo
wir einst an einen Abschied denken.

Noch wollen wir das Land durchstreifen
und lauschen auf des Lebens Klänge.
Das Summen unserer Fahrradreifen
führt uns aus unseres Alltags Enge.

Der Kranich ruft vom nahen Moor.
Das Glück, das sind oft kleine Sachen:
das Singen - mit und ohne Chor -
und unserer Enkelkinder Lachen.

So schau ich nun auf vierzig Jahre
mit tiefer Dankbarkeit zurück.
Es sind auch meine weißen Haare
kein Widerspruch zu diesem Glück.

Der Weg in unbestimmte Weite
lässt uns noch mancherlei nicht sehen
doch mit dem Menschen mir zur Seite
will ich ihn gern und mutig gehen.

Die Nacht vor der Operation

(Sendenhorst, St.Josef-Stift, 21. Februar 2006)

Noch immer rieselt kalter Regen.
Die Uhr vom fernen Turm schlägt vier.
Du bangst dem neuen Tag entgegen
und sehnst dich nach den Sommerwegen
die ich noch fahren will mit dir.

Ich muss heut Nacht oft an dich denken.
Du liegst vielleicht auch gerade wach.
Ach, könnt' ich meine Kraft dir schenken
um dich von Sorgen abzulenken.
Da draußen tropft es leis' vom Dach.

Was bleibt uns andres als Vertrauen?
Wenn wir im ersten Morgendunst
dem neuen Tag entgegenschauen
dann woll'n wir zuversichtlich bauen
auf Gott und auf der Ärzte Kunst.

Manchmal schau ich still zu dir

Manchmal schau ich still zu dir
du bist in ein Gespräch versenkt.
Und dann denke ich bei mir
wer hat mir dieses Glück geschenkt?
Und ich denke, wie's wohl wär'
säh' ich dich heut zum ersten Mal
und ich staune nur noch mehr
nach all den Tagen ohne Zahl.

Färben grau sich meine Haare
will die Blütezeit vergehn
sind die Spuren unserer Jahre
längst nicht mehr zu übersehn.
Und ich schaue in die Weite
zieht der Herbst zu uns ins Land.
Du gehst still an meiner Seite
welches Glück, dass ich dich fand.

Auch im Sommerabendschimmer
ob du lachst und ob du weinst
tief im Herzen bist du immer
doch das Mädchen noch von einst.
Klopft der Herbst schon an die Türen
ist der Winter doch noch weit
will ich dich doch nicht verlieren
noch für eine lange Zeit.

Aufbruch in den Morgen

(Irgendwo an der Donau.
Oder war es am Rhein, an der Oder,
am Inn, an der Elbe?)

Zwischen dem Rasenmäher links
und den Winterreifen in der Ecke
zwischen dem Geruch von Öl
und altem Holz
die Räder der anderen Gäste
und unser Tandem.
Flüchtige Teilhabe
am Alltag anderer Menschen.

In der Morgenkühle
führe ich es aus dem Stall:
unser Pferd, das muss gesattelt sein
geritten soll es sein.

Noch einmal vom Frühstücksraum
zurück in die Wärme der Kammer
wo die Packtaschen
schon die Erinnerung an den Schlaf
zweier Menschen vergessen lassen.

Dann aber
die offenen Wege
ins Land hinaus.
Atmen.
Schauen.
Ein neuer Tag
unter unseren Pedalen.
Gebunden und frei.

Dann ist es Zeit

"... dass zwei Personen die sich lieben
sich addieren oder subtrahieren können ..."
(Silke Scheuermann, aus dem Gedichtband
"Der Tag an dem die Möwen zweistimmig sangen")

Du kannst die Frau
die du liebst
verlieren

durch den Tod

Dann ist nichts zu machen

Du kannst die Frau
die du liebst
verlieren

wenn dein Licht
nicht mehr Widerschein ist
von ihr zu dir
von dir zu ihr

sondern Schatten wirft
über sie

Dann ist es Zeit
die grellen Lichter zu löschen
und eine kleine Lampe hinzustellen
die dann wieder
diesen warmen Schimmer legt
auf eure Gesichter
im engen Lichtkreis
für euch zwei

Nach dem Beben

(Ein Tanka)

Nun wähnst du Risse
im Fundament des Hauses.
Doch lass uns sprechen
von der Bewährung des Steins
der das Beben übersteht.

Wenn das Meer tobt

Wenn das Meer tobt,
denk an die Stille der Tiefe.

Und der Kompass
mit zitternder Nadel
bleibt unversehrt.

Abendspaziergang

Als sie den vertrauten Weg
zum Waldrand hinaufgingen
lag in ihrer beider Schweigen
das alte Thema
von gewesenen Verletzungen.
Plötzlich griff sie seine Hand:
"Da, ein Glühwürmchen!"

Ich habe dich so lieb

(Sehr frei nach Joachim Ringelnatz)

Ich habe dich so lieb.
Doch hätte ich große Bedenken
dir eine Kachel aus unserem Ofen zu schenken.
(Weil das doch unser Ofen ist
und weil es ja blöd wär'
da eine Kachel rauszuhauen.)

Ich habe dir weh getan
nun ist mir traurig zumut.
In deinen Blumentöpfen
blüht der Hibiskus so gut.

Und neben besagtem Ofen, dem warmen
in zierlichen Rahmen
an der Wand
Hibiskusblüten von deiner Hand.

Verzeihen, vergessen, wie kann das gelingen?
Ich hör dich so gern im Hause singen.

Die Löcher
wären die Hauptsache in einem Sieb
wenn nur das Gute drin hängen blieb.

Ich habe dich so lieb.

Im alten Fotoalbum

Wenn ich das kleine Mädchen sehe
das du einst warst
und wenn mich dieses Kinderbildnis
so offen anschaut und so arglos
und wenn ich dann bedenke
was alles kam
in so viel Jahren
und Jahrzehnten -
kann sein, dann wär ich gern
der Vater oder große Bruder
dieses Kindes
der ihm aus alten Büchern vorliest
die Märchen vom Verlieren
und vom Wiederfinden
der Liebenden.

Nach meiner Zeit

In jenen fernen Jahren
werden die unvergilbt gebliebenen
Rechtecke auf den Tapeten
schon mehr als dreimal übermalt sein.

Tröstlich wäre es zu wissen
wie dann in einem Kasten
in dem ich Fotos einst verwahrte
oder die späten Medikamente
ein Ururenkelkind
sein Püppchen bettete.

4

IN SOLCHEN ZEITEN

Niemals richtig
immer wichtig.

Erich Kästner

("Übers Verallgemeinem")

Die Sprache aber

(Haiku 3)

Die Sprache aber:
ein Geschenk für uns Menschen.
Doch so viel Missbrauch.

Für Reiner Kunze

(Beim Nachdenken über
"Die Aura der Wörter")

… auch sind die Dichter
die Hüter unserer Sprache.
Sie ketten sie nicht an
und mauern sie nicht ein.
Sie helfen ihr beim Suchen
und lassen sie gewähren
mit einem Lächeln.

Doch wenn
der Blick des Hüters
streng wird oder traurig
dann weiß sie hoffentlich
was sich gebührt.

In solchen Zeiten

(Neulich gelesen von R.K.:
"Deckname 'Lyrik'"
"Am Sonnenhang")

Wie aber sollte er Ruhe geben
sieht er die lachenden Täter von einst
sitzend zusammen mit denen
die unter den Taten jener
nicht leiden mussten

In meinem Arbeitszimmer

Ihr drängelt euch im Regal
und tut euch wichtig
mit euren Rückenschildern:

Versicherungen
Hausfinanzierung
Rechnungen
Baupläne
Steuerbescheide
Zeugnisse
Sparkasse
Rentensachen
Vereine
und was sonst noch alles.

Ab und zu
möchte ich euch fortjagen
allesamt.

Verschonen würde ich:

Erinnerungen
Lieder
Gedichte

und manche

Briefe.

Poesiealbumspruch
zweimal gelesen

I.

Genieße, was dir Gott beschieden
sagte der Reiche.
Begehre nicht, was du nicht hast
sagte der Arme.
Ein jeder Stand hat seinen Frieden
sagte der Reiche.
Ein jeder Stand hat seine Last
sagte der Arme.

II.

Genieße, was dir Gott beschieden
sagte der Arme.
Begehre nicht, was du nicht hast
sagte der Reiche.
Ein jeder Stand hat seinen Frieden
sagte der Arme.
Ein jeder Stand hat seine Last
sagte der Reiche.

Rote Rosen, rote Fahnen

oder

Gedanken zu einem Gedenken

Da man in Europa die Waffen erhob
erhoben die beiden mutig ihr Wort.

Als das Morden zu Ende war
wurden sie ermordet.

Keine Chance mehr, Erlöser zu werden.
Keine Chance mehr, Tyrannen zu werden

Februar 43

(Da war ich gerade geboren)

Im Namen des Volkes
dieses entsetzliche Urteil.

Des *Volkes?*
Meines Volkes?

In *meinem* Namen
kläffte der Bluthund nicht.
Doch meinem deutschen Rucksack
hat er's für immer draufgepackt.

Wäre Napoleon Kaiser geblieben

(Es gibt sie noch, die ihn bewundern)

Dies sei seinen Freunden
ins Stammbuch geschrieben:

Wäre Napoleon Kaiser geblieben
er hätte beschlossen, sein Code civil
verspräche den Leuten an Rechten zu viel.
Er hätte befohlen, in seinen Ländern
die Dinge nach und nach wieder zu ändern
und hätte begonnen, ganz ohne Bedenken
die Freiheiten wieder einzuschränken.

Ich sähe ihn sitzen von früh bis spät
und unterzeichnen Dekret um Dekret.

Gotteskrieger

Gotteskrieger?
Sie haben Gott hinausgejagt
und etwas anderes hereingelassen.
Man sieht seitdem an ihren blassen
schwarzbärtigen Gesichtern
welch ein Hassen
sich nun in ihre Herzen nagt.

Alte Geschichte

(Nach einer Eintragung im Kirchenbuch von Zebelin im Wendland)

Siebzehnhundert-
sechs in Prießeck.
Katharina
hieß das Mädchen.
Kam aus Gaddau.
War als Magd hier.

Der Verführer
hat geleugnet.
Katharina
warf den Säugling
aus Verzweiflung
in den Dorfteich.

Ward gefangen
kam ins Werkhaus.
Dort entfloh sie.
Dreißig Jahre
Vagabundin
in der Fremde.

Kam zum Sterben
dann nach Hause.
Pastor Gerstenkorn
verweigert ihr
ein christliches Begräbnis.

Als sie abseits
an der Kirchhofs-
mauer schließlich
still ihr Bett
gefunden hatte
schrieb der Pastor:

Gott behüte
uns in Zukunft
vor den Sündern
die auf unserm
heil'gen Acker
liegen sollen.

Wie das alles ist gewesen
steht im Kirchenbuch zu lesen ...

Neulich im Havelland

Eine Schwimmhalle
im eigenen Garten?

Stammt noch aus DDR-Zeiten
sagte die Frau
kann man sich heute
ja nicht mehr leisten.

Frage eines denkenden Arbeiters:

Und wer konnte sich
das damals leisten?

B 71

Schafgarbe blüht hier.
Auch Rainfarn und Grasnelke.
Ohne Halt dröhnt es vorbei.
Kennzeichen von weither.

Hier aber war sie
die Schnittwunde.
Uniformen beflissen
hin- und hereilend.
Höflich, misstrauisch.
"Klappen Sie bitte mal
die Rückbank hoch!"
"Wollen Sie in Salzwedel
jemanden besuchen?"

Weiterfahrt nach langem Warten.

Schafgarbe, Rainfarn, Grasnelke
wissen nichts mehr davon.

Die Uniformen?
Im Museum.

Salzwedel?
Fahrradausflug am Nachmittag.

Gorlebenland im Mai

Den Eisheiligen zum Trotz
brach die Schlehenblüte auf.
Feldraine in Weiß
lassen die herbe Säure
des Herbstes und Winters ahnen
und den Harzgeruch der Kiefernwälder
wo dann wieder
die Hasen den Füchsen nachspüren.

ICE Würzburg - Hannover

Sieh mal, der Bach,
wie der sich
durch die Wiesen schlä - T u n n e l -
dort das Dorf
der hübsche Kirchturm
über roten Ziegeldäch - T u n n e l -
T u n n e l - T u n n e l - T u n n e l -
T u n n e l - T u n n e l -
ah, endlich wieder Sonnensch - T u n n e l -
T u n n e l - T u n n e l - T u n n e l -
schau, tief unten der Fluss
das könnte die - T u n n e l -
T u n n e l - T u n n e l -

Meine Damen und Herren,
in wenigen Minuten erreichen wir Fulda.

Ostpreußenreise mit Ute

Ich bin dort nicht geboren
doch sind die Bilder
aus Büchern meiner Kindertage
wie eine alte Sage
und etwas ging auch mir verloren.

Da liegen Wildniswinkel
im Sehnsuchtssommerlicht
wo in Jahrtausenden
nur selten jemand störte.
Und Storch und Elch
und Kranich fragen nicht
wem's einst gehörte.

Und Kinder triffst du dort
die nennen Stadt, Land, Fluss
mit ihren neuen Namen
auch jenen Ort
aus dem einst deine Eltern kamen.

Und hier und da ein Bild von Dauer
im Ziegelrot
von Giebel, Turm und Mauer.
Fremd sind die Menschen.
Doch sprichst du sie in ihrer Sprache an
dann ist's, als löse sich der Zauberbann.
Dann lächeln sie und grüßen dich
und sind wie du und ich.

Beim Lesen eines Gedichtbandes von R.K.

Nun bin ich auf der Wanderschaft
durch dieses stille Land
wohl schon zum dritten Mal
und finde Zeichen
hier und da am Wege
von einer früheren Reise.

Markierungen für eine sichere Rückkehr?
Gibt's etwa hier ein Irregehen?
Nein, Zeichen sind es
zu erneutem Innehalten.

Und wieder ist ein weicher Stift
mein Wanderstab.

INHALT